Der Mann ohne Land

Edward Everett Hale

Writat

Cette édition parue en 2024

ISBN : 9789359947402

Publié par
Writat
email : info@writat.com

Einführung

Die Liebe zum Land ist ein so universelles Gefühl, dass es nur bei den seltenen Gelegenheiten, bei denen dieses Buch ins Leben gerufen wurde, Anlass gibt, darüber zu diskutieren oder es zu rechtfertigen. Es gibt eine völlig absurde Aussage von Charles Kingsley im Vorwort zu einem seiner vor fünfzig Jahren geschriebenen Bücher, in der er sagt, dass es zwar Loyalität gegenüber einem König oder einer Königin geben kann, aber keine Loyalität gegenüber dem eigenen Land.

Diese Geschichte von Philip Nolan wurde in der dunkelsten Zeit des Bürgerkriegs geschrieben, um zu zeigen, was Liebe zum Land bedeutet. Es gab damals Leute, die dachten, wenn ihr Rat befolgt worden wäre, hätte es keinen Bürgerkrieg geben müssen. Es gab Menschen, deren Alltagsaktivitäten durch den Bürgerkrieg stark beeinträchtigt wurden. Es zeigte sich, dass die Lektion eine Lektion war, die gerne angenommen wurde. Ich habe Briefe von Seeleuten erhalten, die es gelesen haben, als sie in unseren Blockadegeschwadern vor den Mündungen südlicher Häfen lagen. Ich habe Briefe von Männern erhalten, die es kurz nach dem Vicksburg-Feldzug gelesen haben. Und auf andere Weise habe ich viele Beispiele dafür gesehen, dass es in der Zeit, die ich mit Fug und Recht als die dunkelste Zeit der Republik bezeichnen kann, von Nutzen war.

Heute befinden wir uns nicht in der dunkelsten Zeit der Republik.

Diese Nation möchte niemals Krieg führen. Unsere gesamte Politik ist eine Politik des Friedens, und Frieden ist der Schutz der christlichen Zivilisation, der wir verpflichtet sind. Es ist immer wünschenswert, jungen Männern und jungen Frauen, alten Männern und alten Frauen und allen möglichen Menschen beizubringen, zu verstehen, was das Land ist. Es ist ein Wesen. Der HERR, der Gott der Nationen, hat es ins Leben gerufen und ihm hier bestimmte Aufgaben zur Verteidigung der Zivilisation der Welt übertragen .

Die Absicht dieses Gleichnisses, das das Leben eines Mannes beschreibt, der versuchte, sich von seinem Land zu trennen, war, zu zeigen, wie schrecklich sein Fehler war.

Es ist nicht nötig, dass ein Mann die Vereinigten Staaten verflucht, wie Philip Nolan es tat, oder dass er sagt, er hoffe, dass er ihren Namen nie wieder hören wird, um es für ihn wünschenswert zu machen, über die Lehren nachzudenken, die in dem Gleichnis enthalten sind seines Lebens. „Jeder Mensch ist ohne Land, der durch seine Verhöhnung oder durch seinen Rückblick oder durch die Offenlegung der Geheimnisse seines Landes vor dem Feind eine Stunde lang die Bewegungen behindert, die zum Frieden unter den Nationen der Welt führen, oder den Arm des Landes schwächt."

die Nation in ihrer Entschlossenheit, Gerechtigkeit zwischen Mann und Mann zu gewährleisten und ganz allgemein das Leben ihres Volkes zu sichern." Er hat die Vereinigten Staaten nicht in einem mündlichen Eid verdammt.

Trotzdem ist er ein niederträchtiges Kind.

Es gibt einen eindeutigen, sichtbaren Fortschritt in den Angelegenheiten dieser Welt. Am Ende seines Lebens betete Jesus Christus zu Gott, dass alle Menschen eins würden: „Wie du, Vater, in mir bist und ich in dir, damit auch sie eins seien in uns."

Die Weltgeschichte der achtzehnhundertsiebzig Jahre, seit er sprach, hat die stetige Erfüllung der in diesem Gebet zum Ausdruck gebrachten Hoffnung gezeigt.

Die Menschen sind näher an der Einheit – sie sind näher daran, eins zu sein – als damals.

Somit befand sich in diesem Moment jeder Stamm im unbekannten Amerika im Krieg mit jedem anderen Stamm. Derzeit gibt es keine einzige feindliche Waffe, die ein Amerikaner gegen einen anderen einsetzt, vom Kap Bathurst im Norden bis zur Südspitze Patagoniens.

In diesem Moment waren Asien, Afrika und Europa Schauplätze ähnlicher Zwietracht. Europa selbst weiß so wenig über sich selbst, dass niemand behaupten würde, zu irgendeinem Jahr des ersten Jahrhunderts unserer Zeitrechnung zu sagen, welche Langbärte anderen Langbärten die Kehlen durchschnitten oder welche Schotten für welche Briten im Hinterhalt lagen.

Nennen Sie es die „Philosophie der Geschichte" oder nennen Sie es die „Vorsehung Gottes", es ist sicher, dass sich die Einheit der Menschheit so durchgesetzt hat, wie der Erlöser der Menschheit es gesagt hat.

In dieser wachsenden Einheit der Menschheit ist es dazu gekommen, dass der Sultan der Türkei das Massaker an armenischen Christen nicht zulassen kann, ohne sich vor der Welt für eine solche Erlaubnis zu verantworten.

Es ist so weit gekommen, dass es keinem Vizekönig, der einer Frau dient, die die Vormundschaft eines Jungen hat, gestattet werden darf, nach seinem Belieben zweihunderttausend Kinder Gottes verhungern zu lassen. Die Welt ist so eng vereint – das heißt, die Einheit ist so real –, dass jemand seine Hände halten wird, wenn ein solcher Vizekönig sich tatsächlich dazu entschließt, eine solche Ungerechtigkeit zu begehen.

Die Geschichte von Philip Nolan wurde in einer solchen Krise veröffentlicht, dass sie öffentliche Aufmerksamkeit und Interesse erregte. Es traf den damaligen Geschmack des patriotischen Publikums. Es wurde überall ohne die geringste Rücksicht auf das Urheberrecht kopiert. Es wurde übrigens in England viel häufiger gedruckt als in Amerika. Sofort tauchten eine Reihe von Spekulationen auf, die auf etwas beruhten, von dem Sie sagten, es sei ein unwichtiger Fehler von mir gewesen. Mein Held ist eine rein imaginäre Figur. Die Kritiker haben Recht, wenn sie sagen, dass es einen solchen Mann nicht nur nie gegeben hat, sondern dass es ihn auch nie hätte geben können. Aber er musste einen Namen haben. Und die Wahl eines Namens in einem Roman ist eine Angelegenheit von wesentlicher Bedeutung, wie sich hier gezeigt hat.

Nun hatte ich einen Helden, der 1807 ein junger Mann war. Er kannte damals nichts anderes als das Tal des Mississippi. „Er war auf einer Plantage erzogen worden, wo die beste Gesellschaft ein spanischer Offizier oder ein französischer Kaufmann aus Orleans war." Er muss also einen Namen haben, der den westlichen Menschen zu dieser Zeit bekannt war. Nun, ich erinnerte mich daran, dass General James Wilkinson in den absurden Memoiren immer dann, wenn er einen schlimmeren Kratzer als sonst zu erklären hatte, sagte, die Papiere seien verloren gegangen, als Mr. Nolan in Texas inhaftiert oder getötet wurde. Dieser Mr. Nolan, wie Wilkinson ihn allgemein nennt, war mit Wilkinson in einige Spekulationen verwickelt, die sich hauptsächlich auf Pferde bezogen. Als ich mich daran erinnerte, nahm ich den Namen Nolan für meinen Helden an. Ich habe meinen Mann zum Bruder des echten Mannes gemacht. „Er hatte die Hälfte seiner Jugend mit einem älteren Bruder auf der Pferdejagd in Texas verbracht." Und noch einmal: „Er fing mit seinem abenteuerlustigen Cousin wilde Pferde in Texas." [Anmerkung: Junge Autoren bemerken möglicherweise, dass er an einer Stelle als Bruder und an einer anderen als Cousin bezeichnet wird, weil solche Ausrutscher in einer realen Erzählung passieren würden. Korrektoren mögen sie nicht, aber sie verleihen der Geschichte eine Plausibilität.] Ich hatte den Eindruck, dass Wilkinsons Partner Stephen hieß, und da Philip und Stephen beide Evangelisten in der Bibel waren, nannte ich meinen Mann Philip Nolan, in der Annahme, dass Die Mutter, die einen Sohn Stephen nannte, würde einen anderen Philip nennen. Erst ein Jahr später, als ich mir Wilkinsons „Memoirs" noch einmal ansah, stellte ich zu meinem Erstaunen, um nicht zu sagen zu meiner Bestürzung, fest, dass Wilkinsons Partner Philip Nolan hieß. Wir hatten also zwei Philip Nolans , einen echten historischen Charakter, der am 21. März 1801 in Waco in Texas von den Spaniern ermordet wurde; der andere ist eine rein imaginäre Figur, die ich selbst erfunden habe und die zum ersten Mal am 23. September 1807 bei einem Kriegsgericht in Fort Adams auftaucht.

Ich nahm an, dass niemand außer mir in Neuengland jemals von Philip Nolan gehört hatte. Aber im Südwesten, in Texas und Louisiana, war es erst zweiundsechzig Jahre her, dass die Spanier ihn ermordeten. In Wahrheit war es der Tod von Nolan, dem echten Philip Nolan, der von einem spanischen

Gouverneur getötet wurde, während er das Geleit eines anderen innehatte, der im Südwesten jene Welle der Empörung auslöste, die in der Unabhängigkeit von Texas endete. Ich denke, der Staat Texas würde heute gut daran tun, wenn er die Statue des echten Phil Nolan im Kapitol in Washington neben der von Sam Houston aufstellen würde.

Mitten im Krieg wurde die Geschichte im „Atlantic Monthly" vom Dezember 1863 veröffentlicht. Im Südwesten fand der „Atlantic" sofort seinen Weg in Regionen, in denen der echte Phil Nolan bekannt war. Ein Autor im „New Orleans Picayune" erklärte in einem sorgfältigen historischen Aufsatz ausführlich, dass ich mich die ganze Zeit getäuscht habe, dass Philip Nolan nie zur See gefahren sei, sondern nach Texas. Ich erhielt einen Brief von einer Dame aus Baltimore, die mir erzählte, dass zwei seiner verwitweten Schwestern in dieser Gegend lebten. Leider war dieser Brief, der in gutem Glauben verfasst wurde, von EFM Fachtz unterzeichnet . Ich erhielt täglich viele Briefe zu diesem Thema. Ich nahm an, dass meine Korrespondentin ihren Namen verheimlichte und wirklich „eifrig nach mehr Fakten" war. Als ich tatsächlich ein oder zwei Jahre später das Vergnügen hatte, sie wiederzusehen, waren die beiden verwitweten Schwestern des echten Phil Nolan beide tot.

Aber im Jahr 1876 hatte ich das Glück, auf freundliche Einladung von Herrn Miner seine Familie auf ihrer wunderschönen Plantage in Terre Bonne zu besuchen. Dort sah ich einen alten Neger, der noch ein Junge war, als Meister Phil Nolan die alte Plantage am Mississippi zum letzten Mal verließ. Meister Phil Nolan hatte damals Miss Fanny Lintot geheiratet , die, glaube ich, die Tante meines Gastgebers war. Er erlaubte mir, die Miniatur des jungen Abenteurers zu kopieren.

Seitdem habe ich mein Bestes getan, um den Fehler zu beheben, durch den ich Philip Nolans Namen einer anderen Person gegeben habe, indem ich die Geschichte seines Schicksals in einem Buch mit dem Titel „Philip Nolans Freunde" erzählt habe. Für dieses Buch habe ich die Geschichte von Mirandas Versuch gegen Spanien und von John Adams' Vorbereitungen für einen Abstieg über den Mississippi studiert. Die professionellen Historiker der Vereinigten Staaten behandeln diese Themen sehr zurückhaltend. Zu der Zeit, als John Adams eine kleine Armee in Cincinnati hatte, die bereit war, nach New Orleans zu ziehen, gab es keine westlichen Korrespondenten der Eastern Press.

Innerhalb eines Jahres nach der Veröffentlichung des „Mann ohne Land" im „Atlantic" wurden mehr als eine halbe Million Exemplare der Geschichte in Amerika und England gedruckt. Ich hatte merkwürdige Berichte aus der Armee und der Marine, mit dem Interesse, mit dem es von den Herren im Dienst gelesen wurde. Einer unserer Beamten im Bundesstaat Mississippi verlieh die „Atlantic" einer Dame aus der Miner-Familie. Sie rannte in den Salon und rief: „Hier ist ein Mann, der alles über Onkel Phil Nolan weiß." Ein Beamter aus Ohio, der mit Grant die Stadt Jackson in Mississippi betrat, erzählte mir, dass er sofort zum State House gegangen sei. Dort herrschte großes Durcheinander, und er hob ein Papier vom Boden auf, das die Vernehmung von *Philip Nolan* in Walnut Springs, dem alten Namen von Vicksburg, enthielt. Dies war vor der letzten Expedition des echten Philipp. Die Behörden der Vereinigten Staaten hatten ihn im Rahmen der Umsetzung der Neutralitätsgesetze zur Rechenschaft gezogen und von ihm den Nachweis verlangt, dass er für seine Expedition die Erlaubnis des Gouverneurs von New Orleans hatte.

1876 besuchte ich Louisiana und Texas, um Material für „Philip Nolan's Friends" zu besorgen. Ich erhielt dort mehrere Autogramme des echten Phil Nolan – und die spanische Originalaufzeichnung eines Prozesses gegen die Überlebenden seiner Partei – eines Prozesses, der sieben Jahre nach seiner Verhaftung zur grausamen Hinrichtung von Ephraim Blackburn führte. Diese ganze Transaktion, die von allen mir bekannten Historikern der Vereinigten Staaten völlig ignoriert wurde, ist ein trauriger Schandfleck für die amerikanische Verwaltung der spanischen Könige. Ihre Entschuldigung ist die Verwirrung, die zwischen 1801 und 1807 in Madrid herrschte. Der Hass unserer Grenzbewohner im Südwesten auf die mexikanischen Behörden ist größtenteils auf die Schande und Grausamkeit dieser Transaktionen zurückzuführen.

EDWARD E. HALE.

DER MANN OHNE LAND

Ich [Anmerkung 1] nehme an, dass nur sehr wenige Gelegenheitsleser des „New York Herald" vom 13. August 1863 [Anmerkung 2] in einer dunklen Ecke unter den „Toten" die Ankündigung bemerkten:

„NOLAN. Gestorben an Bord der US-Korvette ‚Levant' [Anmerkung 3] Breite: 2° 11' S., Länge: 131° W., am 11. Mai, PHILIP NOLAN."

Ich habe es zufällig gesehen, weil ich im alten Missionshaus in Mackinaw gestrandet war und auf einen Lake-Superior-Dampfer wartete, der nicht kommen wollte, und ich habe sogar die gesamte aktuelle Literatur, die ich bekommen konnte, bis auf die letzten Stoppeln verschlungen bis hin zu den Todesfällen und Heiraten im „Herald". Mein Gedächtnis für Namen und Personen ist gut, und der Leser wird im weiteren Verlauf sehen, dass ich Grund genug hatte, mich an Philip Nolan zu erinnern. Es gibt Hunderte von Lesern, die bei dieser Ankündigung innegehalten hätten, wenn der Offizier der „Levant", der sie berichtete, beschlossen hätte, sie so zu formulieren: „Gestorben am 11. Mai, DER MANN OHNE LAND." Denn der arme Philip Nolan war bei den Offizieren, die ihn etwa fünfzig Jahre lang befehligten, allgemein als „Der Mann ohne Land" bekannt, ebenso wie bei allen Männern, die unter ihnen segelten. Ich wage zu behaupten, dass es manchen Mann gibt, der auf einer dreijährigen Kreuzfahrt alle zwei Wochen Wein mitgenommen hat und nie wusste, dass er „Nolan" heißt oder ob der arme Kerl überhaupt einen Namen hatte.

Es kann jetzt nicht mehr schaden, die Geschichte dieser armen Kreatur zu erzählen. Seit dem Ende von Madisons [Anmerkung 4] Regierung im Jahr 1817 gab es Grund genug für eine strenge Geheimhaltung, das Ehrengeheimnis selbst, unter den Herren der Marine, die Nolan nacheinander anführten. Und sicherlich spricht es für den *Korpsgeist des Berufsstandes und die persönliche Ehre seiner Mitglieder, dass die Geschichte dieses Mannes der Presse* und, glaube ich, auch dem ganzen Land völlig unbekannt war . Aufgrund einiger Nachforschungen, die ich im Marinearchiv durchgeführt habe, als ich dem Bureau of Construction angehörte, habe ich Grund zu der Annahme, dass jeder offizielle Bericht über ihn verbrannt wurde, als Ross die öffentlichen Gebäude in Washington niederbrannte. Einer der Tuckers oder möglicherweise einer der Watsons hatte Nolan am Ende des Krieges an der Spitze; und als er nach der Rückkehr von seiner Kreuzfahrt in Washington einem der Crowninshields Bericht erstattete , der bei seiner Rückkehr im Marineministerium war, stellte er fest, dass das

Ministerium die ganze Angelegenheit ignorierte. Ob sie wirklich nichts davon wussten, oder ob es sich um ein „*Non mi*" handelte Ich weiß es nicht. Aber ich weiß, dass seit 1817 und möglicherweise auch davor kein Marineoffizier Nolan in seinem Bericht über eine Kreuzfahrt erwähnt hat.

Aber wie gesagt, es besteht kein Bedarf mehr an Geheimhaltung. Und jetzt, wo das arme Geschöpf tot ist, scheint es mir der Mühe wert zu sein, ein wenig von seiner Geschichte zu erzählen, um den jungen Amerikanern von heute zu zeigen, was es heißt, EIN MANN OHNE LAND zu sein.

PHILIP NOLAN war ein hervorragender junger Offizier, den es in der „Legion des Westens", wie die westliche Division unserer Armee damals genannt wurde, nur geben konnte. Als Aaron Burr [Anmerkung 5] 1805 seine erste schneidige Expedition nach New Orleans unternahm, in Fort Massac oder irgendwo oben am Fluss, traf er, wie der Teufel es wollte, diesen fröhlichen, schneidigen, klugen jungen Kerl; auf einer Dinnerparty, glaube ich. Burr markierte ihn, sprach mit ihm, ging mit ihm spazieren, nahm ihn ein oder zwei Tage lang mit in seinem Flachboot und faszinierte ihn, kurz gesagt. Im folgenden Jahr verlief das Leben in der Baracke für den armen Nolan sehr entspannt. Gelegentlich nutzte er die Erlaubnis, die ihm der große Mann gegeben hatte, um ihm zu schreiben. Lange, gekünstelte, gestelzte Briefe, die der arme Junge schrieb, umschrieb und abschrieb. Aber von dem schwulen Betrüger erhielt er nie eine Antwort. Die anderen Jungen in der Garnison spotteten über ihn, weil er den Spaß verloren hatte, den sie am Schießen oder Rudern hatten, während er an diesen großartigen Briefen an seinen großen Freund arbeitete. Sie konnten nicht verstehen, warum Nolan allein blieb, während sie High-Low-Jack spielten. Poker war noch nicht erfunden. Doch schon bald rächt sich der junge Mann. Diesmal erschien Seine Exzellenz, der ehrenwerte Aaron Burr, erneut unter einem ganz anderen Aspekt. Es gab Gerüchte, dass er eine Armee hinter sich hatte und alle gingen davon aus, dass er ein Imperium vor sich hatte. Damals beneideten ihn alle Jugendlichen. Burr hatte noch keine zwanzig Minuten mit dem Kommandanten gesprochen, als er ihn bat, nach Leutnant Nolan zu schicken. Dann fragte er Nolan nach einem kleinen Gespräch, ob er ihm etwas vom großen Fluss und den Plänen für den neuen Posten zeigen könne. Er bat Nolan, ihn in seinem Boot mitzunehmen, um ihm, wie er sagte, einen Zuckerrohr- oder Pappelbaum zu zeigen – eigentlich um ihn zu verführen; und als die Segelfahrt vorbei war, war Nolan mit Leib und Seele rekrutiert. Von diesem Zeitpunkt an lebte er, obwohl er es noch nicht wusste, als EIN MANN OHNE LAND.

Was Burr vorhatte, weiß ich genauso wenig wie Sie, lieber Leser. Es geht uns im Moment nichts an. Erst als die große Katastrophe kam und Jefferson und das damalige Haus Virginia es unternahmen, durch den großen Hochverratsprozess in Richmond alle möglichen Clarences des damaligen

Hauses York auf dem Rad zu brechen, waren einige der unbedeutenderen dabei das ferne Mississippi-Tal, das weiter von uns entfernt war als Puget's Sound heute, führte auf seiner Provinzbühne eine ähnliche Neuheit ein; und um die Monotonie des Sommers in Fort Adams zu vertreiben, veranstalteten sie für die dortigen Offiziere eine Reihe von Kriegsgerichtsverhandlungen. Der eine oder andere der Obersten und Majore wurde vor Gericht gestellt, und um die Liste zu vervollständigen, war der kleine Nolan, gegen den es, Gott weiß, Beweise genug gab, dass er den Dienst satt hatte, bereit gewesen, ihn zu betrügen , und hätte jedem Befehl gehorcht, mit jedem , der ihm folgen würde , irgendwohin zu marschieren , wenn der Befehl unterzeichnet worden wäre: „Auf Befehl seines Exc. A. Burr." Die Gerichte zogen sich hin. Die großen Fliegen sind entkommen, soweit ich weiß, zu Recht. Nolan wurde, wie gesagt, ausreichend schuldig bewiesen; Dennoch hätten Sie und ich nie von ihm gehört, lieber Leser, wenn der Präsident des Gerichts ihn nicht am Ende gefragt hätte, ob er etwas sagen wolle, um zu zeigen, dass er den Vereinigten Staaten immer treu geblieben sei, hätte er geschrien: in einem Anfall von Raserei,—

„Verdammt die Vereinigten Staaten! Ich wünschte, ich würde nie wieder von den Vereinigten Staaten hören!"

Ich nehme an, er wusste nicht, wie schockiert diese Worte den alten Colonel Morgan [Anmerkung 6] waren, der das Gericht hielt. Die Hälfte der Offiziere, die darin saßen, hatten während der Revolution gedient, und ihr Leben, ganz zu schweigen von ihrem Hals, war für genau die Idee riskiert worden, die er in seinem Wahnsinn so unbekümmert verfluchte. Er seinerseits war im damaligen Westen aufgewachsen, inmitten der „spanischen Verschwörung", der „Orleans-Verschwörung" und allem anderen. Er war auf einer Plantage ausgebildet worden, wo die beste Gesellschaft ein spanischer Offizier oder ein französischer Kaufmann aus Orleans war. Seine Ausbildung, so wie sie war, hatte er auf kommerziellen Expeditionen nach Vera Cruz vervollkommnet, und ich glaube, er erzählte mir, dass sein Vater einmal einen Engländer als Privatlehrer für einen Winter auf der Plantage eingestellt hatte. Er hatte die Hälfte seiner Jugend mit einem älteren Bruder auf der Pferdejagd in Texas verbracht; und mit einem Wort: Für ihn waren die „Vereinigten Staaten" kaum eine Realität. Dennoch wurde er in all den Jahren, seit er in der Armee war, von den „Vereinigten Staaten" ernährt. Er hatte bei seinem Glauben als Christ geschworen, den „Vereinigten Staaten" treu zu bleiben. Es waren die „Vereinigten Staaten", die ihm die Uniform gaben, die er trug, und das Schwert an seiner Seite. Nein, mein armer Nolan, nur weil die „Vereinigten Staaten" Sie zuerst als einen ihrer eigenen vertraulichen Ehrenmänner ausgewählt hatten, lag „A. Burr" ein bisschen mehr an Ihnen als an den Flachbootmännern, die seine Arche segelten für ihn. Ich entschuldige Nolan nicht; Ich erkläre dem Leser nur, warum er sein Land verdammte und wünschte, er würde ihren Namen nie wieder hören.

Er hörte ihren Namen nie, aber noch einmal. Von diesem Moment, dem 23. September 1807, bis zu seinem Tod, dem 11. Mai 1863, hörte er ihren Namen nie wieder. Für dieses halbe Jahrhundert und länger war er ein Mann ohne Land.

Der alte Morgan war, wie gesagt, furchtbar schockiert. Wenn Nolan George Washington mit Benedict Arnold verglichen oder „Gott schütze König George" gerufen hätte, hätte sich Morgan nicht schlechter gefühlt. Er rief das Gericht in sein Privatzimmer und kam nach fünfzehn Minuten mit einem Gesicht wie ein Laken zurück, um zu sagen:

„Gefangener, hören Sie sich das Urteil des Gerichts an! Das Gericht entscheidet, vorbehaltlich der Zustimmung des Präsidenten, dass Sie den Namen der Vereinigten Staaten nie wieder hören werden."

Nolan lachte. Aber sonst lachte niemand. Der alte Morgan war zu feierlich und der ganze Raum war für eine Minute totenstill. Sogar Nolan verlor augenblicklich seine Prahlerei. Dann fügte Morgan hinzu:

„Herr Marschall, bringen Sie den Gefangenen in einem bewaffneten Boot nach Orleans und übergeben Sie ihn dort dem Marinekommandanten."

Der Marschall gab seinen Befehl und der Gefangene wurde aus dem Gerichtssaal gebracht.

„Mr. Marshal", fuhr der alte Morgan fort, „sorge dafür, dass niemand dem Gefangenen gegenüber die Vereinigten Staaten erwähnt. Mr. Marshal, erweisen Sie Leutnant Mitchell in Orleans meinen Respekt und bitten Sie ihn, anzuordnen, dass niemand die Vereinigten Staaten gegenüber erwähnen darf." des Gefangenen, während er an Bord des Schiffes ist. Sie werden Ihre schriftlichen Anweisungen heute Abend vom hier diensthabenden Offizier erhalten. Das Gericht wird auf einen Tag vertagt."

Ich bin immer davon ausgegangen, dass Colonel Morgan selbst die Verhandlungen des Gerichts nach Washington City gebracht und sie Mr. Jefferson erläutert hat. Sicher ist, dass der Präsident sie gebilligt hat – sicher, wenn ich den Männern glauben darf, die sagen, sie hätten seine Unterschrift gesehen. Bevor die „Nautilus" mit dem Gefangenen an Bord von New Orleans zur Nordatlantikküste gelangte, war das Urteil bereits gefällt und er war ein Mann ohne Land.

Der damals angenommene Plan war im Wesentlichen derselbe, der zwangsläufig bis heute befolgt wurde. Vielleicht wurde dies durch die Notwendigkeit nahegelegt, ihn auf dem Wasserweg von Fort Adams und Orleans aus zu schicken. Der Marineminister – es muss der erste

Crowninshield gewesen sein , obwohl er ein Mann ist, an den ich mich nicht erinnere – wurde gebeten, Nolan an Bord eines Regierungsschiffs zu bringen, das zu einer langen Kreuzfahrt unterwegs war, und anzuweisen, dass er sich nur bis zu einem gewissen Grad aufhalten dürfe Er wurde dort eingesperrt, um sicherzustellen, dass er das Land nie gesehen oder gehört hatte. Wir hatten damals nur wenige lange Kreuzfahrten und die Marine war völlig in Ungnade gefallen; und da diese Geschichte, wie ich erklärt habe, fast ausschließlich überliefert ist, weiß ich nicht genau, was seine erste Kreuzfahrt war. Aber der Kommandant, dem er anvertraut wurde – vielleicht war es Tingey oder Shaw, obwohl ich glaube, dass es einer der jüngeren Männer war – wir sind jetzt alle alt genug –, regelte die Etikette und die Vorsichtsmaßnahmen der Angelegenheit und entsprechend Nach seinem Plan wurden sie vermutlich bis zu Nolans Tod ausgeführt.

Als ich etwa dreißig Jahre später Zweiter Offizier der „Intrepid" war, sah ich das Originalpapier mit den Anweisungen. Es tut mir seitdem leid, dass ich nicht alles kopiert habe. Es verlief jedoch weitgehend so :

„WASHINGTON (mit einem Datum, das spät im Jahr 1807 gewesen sein muss).

„ Sir, – Sie werden von Leutnant Neale die Person von Philip Nolan empfangen, einem verstorbenen Leutnant der US-Armee.

„Diese Person drückte in ihrem Prozess vor dem Kriegsgericht mit einem Eid den Wunsch aus, dass sie ,nie wieder etwas von den Vereinigten Staaten hören' würde."

„Das Gericht verurteilte ihn zur Erfüllung seines Wunsches."

„Vorerst wird die Ausführung der Anordnung vom Präsidenten dieser Abteilung übertragen .

„Sie werden den Gefangenen an Bord Ihres Schiffes nehmen und ihn dort mit solchen Vorsichtsmaßnahmen festhalten, die seine Flucht verhindern.

„Sie werden ihm solche Unterkünfte, Verpflegung und Kleidung zur Verfügung stellen, wie es einem Offizier seines letzten Ranges angemessen wäre, wenn er im Auftrag seiner Regierung Passagier auf Ihrem Schiff wäre .

„Die Herren an Bord werden alle für sie angenehmen Regelungen bezüglich seiner Gesellschaft treffen. Er darf keinerlei Demütigungen ausgesetzt werden, noch darf er jemals unnötigerweise daran erinnert werden, dass er ein Gefangener ist."

„Aber unter keinen Umständen darf er jemals von seinem Land hören oder irgendwelche Informationen darüber sehen; und Sie werden alle Offiziere unter Ihrem Kommando besonders ermahnen, darauf zu achten, dass diese

Regel in den verschiedenen Ablässen, die gewährt werden können, womit seine Strafe verbunden ist, darf nicht gebrochen werden.

„Es ist die Absicht der Regierung, dass er das Land, das er verleugnet hat, nie wieder sehen wird. Vor dem Ende Ihrer Kreuzfahrt werden Sie Befehle erhalten, die diese Absicht in die Tat umsetzen."

„Mit freundlichen Grüßen
", W. SOUTHARD, für den „Sekretär der Marine"

Wenn ich nur das gesamte Papier aufbewahrt hätte, gäbe es am Anfang meiner Skizze dieser Geschichte keine Unterbrechung. Denn Kapitän Shaw, wenn er es wäre, übergab es seinem Nachfolger in der Verantwortung, und dieser seinem eigenen, und ich nehme an, der Kommandeur der „Levante" hat es heute als seine Autorität, diesen Mann in dieser milden Obhut zu behalten.

Die an Bord der Schiffe, auf denen ich den „Mann ohne Land" getroffen habe, angenommene Regel wurde, glaube ich, von Anfang an weitergegeben. Kein Schlamassel wollte ihn dauerhaft festhalten, denn seine Anwesenheit unterbrach jedes Gespräch über die Heimat oder die Aussicht auf Rückkehr, über Politik oder Briefe, über Frieden oder Krieg – schnitt mehr als die Hälfte der Gespräche ab, die Männer auf See gern führten. Aber man dachte immer zu sehr daran, dass er den Rest von uns nie treffen sollte, außer um Hüte anzufassen, und so versanken wir schließlich in einem System. Es war ihm nicht gestattet, mit den Männern zu sprechen, es sei denn, ein Offizier war anwesend. Mit Offizieren hatte er ungehemmten Verkehr, soweit sie und er es wollten. Aber er wurde schüchtern, obwohl er Favoriten hatte: Ich war einer. Dann lud ihn der Kapitän immer am Montag zum Abendessen ein. Jedes Chaos der Reihe nach folgte der Einladung. Je nach Größe des Schiffes hatte man ihn beim Abendessen mehr oder weniger oft in der Kantine. Sein Frühstück nahm er in seiner eigenen Kabine ein – er hatte immer eine Kabine –, von der aus ein Wachposten oder jemand, der Wache hielt, die Tür sehen konnte. Und was er sonst noch aß oder trank, aß oder trank er allein. Manchmal, wenn die Marinesoldaten oder Matrosen eine besondere Freude hatten, durften sie „Plain-Buttons", wie sie ihn nannten, einladen. Dann wurde Nolan mit einem Offizier geschickt, und den Männern war es verboten, über sein Zuhause zu sprechen, während er dort war. Ich glaube, die Theorie war, dass der Anblick seiner Bestrafung ihnen gut tat. Sie nannten ihn „Plain-Buttons", weil er sich zwar stets dafür entschied, eine reguläre Armeeuniform zu tragen, es ihm jedoch nicht gestattet war, den Army-Button zu tragen, da dieser entweder die Initialen oder die Insignien des Landes trug, das er trug hatte verleugnet.

Ich erinnere mich, dass ich kurz nach meinem Eintritt in die Marine mit einigen der älteren Offiziere unseres Schiffes und der „Brandywine", die wir in Alexandria getroffen hatten, an Land war. Wir hatten Urlaub, um eine Party zu veranstalten und nach Kairo und zu den Pyramiden zu fahren. Während wir entlang joggten (damals ging man auf Eseln), begannen einige der Herren (wir Jungs nannten sie „Dons", aber der Ausdruck wurde längst geändert) über Nolan zu reden, und jemand erzählte das System, das von Nolan übernommen wurde zunächst über seine Bücher und andere Lektüre. Da es ihm fast nie erlaubt war, an Land zu gehen, obwohl das Schiff monatelang im Hafen lag, war seine Zeit bestenfalls schwer. und jeder durfte ihm Bücher leihen, wenn sie nicht in Amerika veröffentlicht wurden und keinen Hinweis darauf machten. Diese waren früher durchaus üblich, als die Menschen in der anderen Hemisphäre genauso wenig über die Vereinigten Staaten sprachen wie wir über Paraguay. Er hatte fast alle ausländischen Papiere, die früher oder später ins Schiff kamen; Nur muss jemand sie zuerst durchgehen und alle Werbeanzeigen oder vereinzelten Absätze herausschneiden, die auf Amerika anspielen. Das war manchmal etwas grausam, wenn die Rückseite dessen, was herausgeschnitten wurde, so unschuldig sein konnte wie Hesiod. Mitten in einer von Napoleons Schlachten oder einer von Cannings Reden fand der arme Nolan ein großes Loch, denn auf der Rückseite der Seite dieser Zeitung befand sich eine Anzeige für ein Paket nach New York oder einen Teil davon die Botschaft des Präsidenten. Ich sage, das war das erste Mal, dass ich von diesem Plan hörte, mit dem ich im Nachhinein mehr als genug zu tun hatte. Ich erinnere mich daran, weil der arme Phillips, der mit von der Partie war, sobald die Anspielung auf das Lesen gemacht wurde, eine Geschichte von etwas erzählte, das sich am Kap der Guten Hoffnung auf Nolans erster Reise zugetragen hatte; und es ist das Einzige, was ich je über diese Reise wusste. Sie hatten am Kap gelandet und hatten die zivile Angelegenheit mit dem englischen Admiral und der Flotte besprochen, und dann, als er zu einer langen Kreuzfahrt auf dem Indischen Ozean aufbrach, hatte Phillips sich von einem Offizier viele englische Bücher geliehen, die in diesen Tage, wie in der Tat in diesen, war ein ziemlicher Glücksfall. Unter ihnen befand sich, wie der Teufel es befohlen hatte, die „Lage vom letzten Minnesänger", [Anmerkung 7], von der sie alle gehört hatten, die die meisten aber noch nie gesehen hatten. Ich denke, es hätte nicht lange veröffentlicht werden können. Nun, niemand glaubte, dass darin eine Gefahr für irgendetwas Nationales bestehen könnte, obwohl Phillips schwor, dass der alte Shaw den „Sturm" aus Shakespeare herausgeschnitten hatte, bevor er ihn Nolan überließ, weil er sagte: „Die Bermudas sollten uns gehören, und zwar …" Jove, sollte eines Tages sein. So durfte Nolan eines Nachmittags dem Kreis beitreten, als viele von ihnen rauchend und laut vorlesend an Deck saßen. Heutzutage tun die Leute solche Dinge nicht mehr so oft; Aber als ich jung war , haben wir so viel Zeit verloren. Nun, so geschah es, dass Nolan seinerseits das Buch nahm und den anderen vorlas; und er las sehr gut, wie ich weiß. Niemand im Kreis kannte eine Zeile des Gedichts, nur war es alles Magie und Grenzritterlichkeit und geschah vor zehntausend Jahren. Der arme Nolan las den fünften Gesang ruhig durch, hielt einen Moment inne, trank etwas und begann dann, ohne darüber nachzudenken, was kommen würde:

„Da atmet der Mann mit so toter Seele,
der nie zu sich selbst gesagt hat:"

Es scheint uns unmöglich, dass irgendjemand dies jemals zum ersten Mal gehört hat; aber alle diese Kerle taten es damals, und der arme Nolan selbst fuhr fort, immer noch unbewusst oder mechanisch:

„Das ist mein eigenes, mein Heimatland!"

Dann sahen sie alle, dass es etwas zu bezahlen gab; aber er erwartete, durchzukommen, nehme ich an, wurde ein wenig blass, stürzte sich aber weiter, –

„Wessen Herz hat noch nie in ihm gebrannt,
als er seine Fußstapfen nach Hause gelenkt hat, von der Irrfahrt auf einem fremden Strand? –
Wenn jemand dort atmet, geh und markiere ihn gut." –

Zu diesem Zeitpunkt waren die Männer alle außer sich und wünschten, es gäbe irgendeine Möglichkeit, ihn dazu zu bringen, zwei Seiten umzublättern; aber dafür war er nicht ganz geistesgegenwärtig; er würgte ein wenig, wurde purpurrot und taumelte weiter, –

„Für ihn schwillt keine Minnesänger-Verzückung an;
hoch wie seine Titel, stolz sein Name, grenzenlos sein Reichtum, wie er nur durch Wünsche beansprucht werden kann, trotz dieser Titel, seiner Macht und seines Reichtums, der Elende, der ganz auf sich selbst konzentriert ist "
–

Und hier verschluckte sich der arme Kerl, konnte nicht weiter, sondern sprang auf, schwang das Buch ins Meer und verschwand in seiner Kabine. „Und beim Himmel", sagte Phillips, „wir haben ihn zwei Monate lang nicht wiedergesehen." Und ich musste diesem englischen Chirurgen eine armselige Geschichte erzählen, warum ich ihm seinen Walter Scott nicht zurückgegeben habe.

Diese Geschichte handelt von der Zeit, als Nolans Prahlerei zusammengebrochen sein muss. Zuerst, so sagten sie, habe er einen sehr hohen Ton angeschlagen, seine Gefangenschaft für eine bloße Farce gehalten, so getan, als ob er die Reise genießen wollte, und so weiter; aber Phillips sagte, dass er, nachdem er seine Kabine verlassen hatte, nie wieder derselbe Mann gewesen sei. Er las nie wieder laut vor, es sei denn, es war die Bibel oder Shakespeare oder etwas anderes, dessen er sich sicher war. Aber das war es nicht nur. Er kam nie wieder als Gesellschaftspartner zu den anderen jungen Männern. Er war danach immer schüchtern, wenn ich ihn kannte, und sprach sehr selten, es sei denn, man sprach mit ihm, außer mit sehr wenigen Freunden. Gelegentlich strahlte er auf – ich erinnere mich, dass ich ihn spät in seinem Leben ziemlich beredt über etwas sprechen hörte, das ihm in einer von Fléchiers Predigten nahegelegt worden war –, aber im Allgemeinen hatte er den nervösen, müden Ausdruck eines herzverletzten Mannes.

Als Kapitän Shaw nach Hause kam – wenn es, wie gesagt, Shaw war – machten sie sich, ziemlich zur Überraschung aller, auf eine der Windward-Inseln und legten dort fast eine Woche hin und her. Die Jungen sagten, die Beamten hätten den Salzmüll satt und wollten Schildkrötensuppe essen, bevor sie nach Hause kamen. Doch nach mehreren Tagen kam die „Warren" zum selben Treffpunkt; sie tauschten Signale aus; Sie schickte Briefe und Papiere an Phillips und diese heimkehrenden Männer und sagte ihnen, sie sei auf dem Weg nach draußen, vielleicht ins Mittelmeer, und nahm den armen Nolan und seine Fallen mit auf das Boot zurück, um seine zweite Kreuzfahrt zu unternehmen. Er sah sehr ausdruckslos aus, als ihm gesagt wurde, er solle sich darauf vorbereiten, sich ihr anzuschließen. Er hatte genug von den Zeichen des Himmels gewusst, um zu wissen, dass er bis zu diesem Moment „nach Hause" gehen würde. Aber das war ein eindeutiger Beweis für etwas, woran er vielleicht nicht gedacht hatte – dass es für ihn keine Möglichkeit gab, nach Hause zu gehen, nicht einmal in ein Gefängnis. Und dies war die erste von etwa zwanzig solchen Versetzungen, die ihn früher oder später auf die Hälfte unserer besten Schiffe brachten, ihn aber zeitlebens mindestens einige hundert Meilen von dem Land fernhielten, von dem er gehofft hatte, nie wieder etwas zu hören.

Vielleicht war es auf dieser zweiten Kreuzfahrt – es war einmal, als er im Mittelmeer unterwegs war –, dass Mrs. Graff, die berühmte Schönheit des Südens jener Tage, mit ihm tanzte. Sie lagen lange Zeit in der Bucht von Neapel, und die Offiziere waren mit der englischen Flotte sehr vertraut, und es gab große Festlichkeiten, und unsere Männer dachten, sie müssten an Bord des Schiffes einen großen Ball veranstalten. Wie sie das jemals an Bord der „Warren" gemacht haben, weiß ich sicher nicht. Vielleicht war es nicht das „Warren", oder vielleicht nahmen die Damen nicht so viel Platz ein wie jetzt. Sie wollten Nolans Kabine für irgendetwas nutzen, und sie hassten es, dies zu tun, ohne ihn zum Ball einzuladen; Also sagte der Kapitän, sie könnten ihn fragen, ob sie dafür verantwortlich wären, dass er nicht mit den falschen Leuten sprach, „die ihm Informationen geben würden." Also ging der Tanz weiter, die schönste Party, die es je gegeben hat, wage ich zu behaupten; denn ich habe noch nie von einem Kriegsschiffball gehört, der das nicht getan hätte. Für die Damen gab es die Familie des amerikanischen Konsuls, ein oder zwei Reisende , die bisher Abenteuer erlebt hatten, und eine nette Schar englischer Mädchen und Matronen, vielleicht Lady Hamilton selbst.

Nun, verschiedene Beamte lösten sich gegenseitig ab, indem sie freundlich mit Nolan sprachen, um sicherzustellen, dass niemand sonst mit ihm sprach. Der Tanz ging voller Elan weiter, und nach einer Weile hatten selbst die Burschen, die Nolans Ehrengarde übernahmen, keine Angst mehr vor *Kontroversen* . Erst als eine englische Dame – vielleicht Lady Hamilton, wie ich sagte – zu einer Reihe „amerikanischer Tänze" aufrief, geschah etwas Seltsames. Anschließend tanzten alle Kontratänze. Die schwarze Band, die nichts dagegen hatte, beriet sich darüber, was „amerikanische Tänze" seien, und begann mit „Virginia Reel", dem sie mit „Money-Musk" folgten, dem wiederum in jenen Tagen hätte folgen sollen „Die alten Dreizehn." Aber gerade als Dick, der Anführer, tippte, um seine Geigen zu beginnen, und sich nach vorne beugte, wollte er in echter Negerhaltung sagen: „‚Die alten Dreizehn', meine Herren und Damen!" wie er gesagt hatte: „‚ Virginny Reel', bitte!" und „‚Money-Musk', bitte!" Der Kapitänsjunge klopfte ihm auf die Schulter, flüsterte ihm zu, den Namen des Tanzes verriet er nicht; Er verneigte sich nur, begann zu sprechen, und alle stürzten sich darauf – die Offiziere brachten den englischen Mädchen die Figur bei, sagten ihnen aber nicht, warum sie keinen Namen hatte.

Aber das ist nicht die Geschichte, die ich zu erzählen begann. Während der Tanz weiterging, entspannten sich Nolan und unsere Kameraden alle, wie ich schon sagte, so sehr, dass es ihm ganz natürlich vorkam, sich vor dieser großartigen Mrs. Graff zu verneigen und zu sagen:

„Ich hoffe, Sie haben mich nicht vergessen, Miss Rutledge. Soll ich die Ehre haben zu tanzen?"

Er tat es so schnell, dass Fellows, der bei ihm war, ihn nicht daran hindern konnte. Sie lachte und sagte: –

„Ich bin nicht mehr Miss Rutledge, Mr. Nolan; aber ich werde trotzdem tanzen", nickte Fellows nur zu, als wollte er sagen, er müsse Mr. Nolan ihr überlassen, und führte ihn zu dem Ort, an dem der Tanz stattfand bildete sich.

Nolan dachte, er hätte seine Chance bekommen. Er hatte sie in Philadelphia gekannt und an anderen Orten getroffen, und das war ein Geschenk Gottes. Man konnte nicht in Gegentänzen reden, wie man es in Kotillionen tut, oder auch nicht in den Pausen des Walzers; aber es gab Chancen für Zungen und Laute sowie für Augen und Erröten. Er begann mit ihren Reisen und Europa und dem Vesuv und den Franzosen; und dann, als sie fertig waren und am Ende der Gruppe lange geredet hatten, sagte er kühn: – ein wenig blass, sagte sie, als sie mir Jahre später die Geschichte erzählte –

„Und was hören Sie von zu Hause, Frau Graff?"

Und dieses herrliche Geschöpf blickte durch ihn hindurch. Jove! wie sie durch ihn hindurchgeschaut haben muss!

„Zuhause!! Mr. Nolan!!! Ich dachte, Sie wären der Mann, der nie wieder etwas von zu Hause hören wollte!" – und sie ging direkt das Deck hinauf zu ihrem Mann und ließ den armen Nolan in Ruhe, wie er es immer war. – Er tanzte nicht mehr. Ich kann keine Geschichte über ihn angeben; niemand kann es jetzt; und tatsächlich versuche ich es nicht.

Das sind die Überlieferungen, die ich, so wie ich sie glaube, aus den Mythen heraussortiere, die seit vierzig Jahren über diesen Mann erzählt werden. Die Lügen, die über ihn erzählt wurden, sind Legion. Die Leute sagten immer, er sei die „Eiserne Maske"; und der arme George Pons ging in dem Glauben zu Grabe, dass dies der Autor von „Junius" sei, der für seine berühmte Verleumdung von Thomas Jefferson bestraft wurde. Pons war in der historischen Linie nicht sehr stark.

Eine glücklichere Geschichte als jede dieser Geschichten, die ich erzählt habe, ist die vom Krieg. Das kam bald darauf. Ich habe diese Angelegenheit auf drei oder vier Arten erzählt – und tatsächlich ist sie möglicherweise mehr als einmal vorgekommen. Aber auf welchem Schiff es war, kann ich nicht sagen. Zumindest in einem der großen Fregattenduelle mit den Engländern, in denen die Marine wirklich getauft wurde, [Anmerkung 8] kam es jedoch vor, dass ein feindliches Geschoss in einen unserer Hafenplätze einschlug und nach rechts abfeuerte den Offizier des Geschützes selbst und fast jeden Mann der Geschützbesatzung niedergeschlagen. Nun können Sie über Mut sagen, was Sie wollen, aber das ist keine schöne Sache. Aber als die Männer, die nicht getötet wurden, sich wieder aufrafften und zusammen mit den Leuten des Chirurgen die Leichen wegtrugen, erschien Nolan in Hemdsärmeln, mit dem Stampfer in der Hand, als ob er es getan hätte Er war der Offizier, sagte ihnen mit Autorität, wer mit den Verwundeten ins Cockpit gehen sollte, wer bei ihm bleiben sollte, vollkommen fröhlich und auf eine Weise, die den Männern das Gefühl gibt, dass alles in Ordnung ist und geschehen wird Recht haben. Und er beendete das Laden der Waffe mit seinen eigenen Händen, zielte damit und befahl den Männern zu schießen. Und dort blieb er, Kapitän dieses Geschützes, und hielt diese Kerle bei Laune, bis der Feind zuschlug. Er saß auf der Lafette, während das Geschütz abkühlte, obwohl er die ganze Zeit ungeschützt war, und zeigte ihnen einfachere Möglichkeiten, mit schwerem Geschoss umzugehen. – brachte die rohen Hände dazu, über ihre eigenen Fehler zu lachen – und als die Waffe wieder abkühlte, wurde sie doppelt so oft geladen und abgefeuert wie jede andere Waffe auf dem Schiff. Der Kapitän ging vorwärts, um die Männer zu ermutigen, und Nolan berührte seinen Hut und sagte:

„Ich zeige ihnen, wie wir das bei der Artillerie machen, Sir."

Und das ist der Teil der Geschichte, in dem alle Legenden übereinstimmen; Der Kommodore sagte:

„Das sehe ich, und ich danke Ihnen, Sir; und ich werde diesen Tag nie vergessen, Sir, und Sie werden es auch nie vergessen, Sir."

Und als die ganze Sache vorüber war und er das Schwert des Engländers hatte, sagte er inmitten des Prunks und der Zeremonie auf dem Achterdeck :

„Wo ist Mr. Nolan? Bitten Sie Mr. Nolan, hierher zu kommen."

Und als Nolan kam, sagte er:

„Herr Nolan, wir sind Ihnen heute alle sehr dankbar; Sie sind heute einer von uns; Sie werden in den Depeschen genannt ."

Und dann nahm der alte Mann sein eigenes Zeremonienschwert ab, gab es Nolan und ließ ihn es anziehen. Das hat mir der Mann erzählt, der es gesehen hat. Nolan weinte wie ein Baby, und das könnte er auch. Seit diesem höllischen Tag in Fort Adams hatte er kein Schwert mehr getragen . Aber immer danach trug er bei feierlichen Anlässen das urige alte französische Schwert des Kommodore .

Der Kapitän erwähnte ihn in den Depeschen . Es hieß immer, er habe darum gebeten, begnadigt zu werden. Er schrieb einen besonderen Brief an den Kriegsminister. Aber daraus wurde nie etwas. Wie gesagt, das war ungefähr zu der Zeit, als sie anfingen, die ganze Transaktion in Washington zu ignorieren, und als Nolans Inhaftierung anfing, sich fortzusetzen, weil es niemanden gab, der sie ohne neue Befehle von zu Hause stoppen konnte.

Ich habe gehört, dass er bei Porter war, als er die Nukahiwa -Inseln in Besitz nahm. Nicht dieser Porter, wissen Sie, sondern der alte Porter, sein Vater, Essex Porter – das heißt, der alte Essex Porter, nicht dieser Essex. [Anmerkung 9] Als Artillerieoffizier, der im Westen gedient hatte, wusste Nolan mehr über Befestigungen, Schießscharten, Ravelins, Palisaden und all das als jeder andere von ihnen; und er arbeitete mit gutem Willen daran, die Batterie wieder in Ordnung zu bringen. Ich fand es immer schade, dass Porter ihm nicht das Kommando über Gamble überlassen hat. Damit wäre die Frage nach seiner Bestrafung geklärt. Wir hätten die Inseln behalten sollen, und in diesem Moment hätten wir eine Station im Pazifischen Ozean haben sollen. Auch unsere französischen Freunde hätten, als sie diese kleine Wasserstelle brauchten, festgestellt, dass sie besetzt war. Aber Madison und die Virginians haben das natürlich alles weggeworfen.

Das alles ist fast fünfzig Jahre her. Wenn Nolan damals dreißig war, muss er bei seinem Tod fast achtzig gewesen sein. Mit vierzig sah er aus wie sechzig. Aber es kam mir danach nicht so vor, als würde er sich im Geringsten verändern. Wenn ich mir sein Leben vorstelle, muss er nach dem, was ich gesehen und gehört habe, in jedem Meer gewesen sein, und doch fast nie an Land. Er muss formell mehr Offiziere in unserem Dienst gekannt haben, als irgendein lebender Mensch kennt. Er erzählte mir einmal mit ernstem Lächeln, dass kein Mensch auf der Welt ein so methodisches Leben führte wie er. „Du weißt, dass die Jungs sagen, ich sei die Eiserne Maske, und du weißt, wie beschäftigt er war." Er sagte, es sei für niemanden sinnvoller , ständig zu lesen, als ständig irgendetwas anderes zu tun; und dass er früher nur fünf Stunden am Tag las. „Dann", sagte er, „führe ich meine Notizbücher und schreibe zu bestimmten Zeiten in sie hinein, von dem, was ich gelesen habe; und dazu füge ich meine Notizbücher hinzu." Diese waren wirklich sehr neugierig. Er hatte sechs oder acht mit unterschiedlichen Themen. Es gab eines über Geschichte, eines über Naturwissenschaften, eines, das er „Kleinigkeiten" nannte. Aber es handelte sich nicht nur um Bücher mit Auszügen aus Zeitungen. Sie enthielten Pflanzenstücke und Bänder, angebundene Muscheln und geschnitzte Knochen- und Holzreste, die er den Männern beigebracht hatte, für ihn zu schneiden, und sie waren wunderschön illustriert. Er zeichnete bewundernswert. Er hatte dort einige der lustigsten und einige der erbärmlichsten Zeichnungen, die ich je in meinem Leben gesehen habe. Ich frage mich, wer Nolans Sammelalben haben wird.

Nun, er sagte, das Lesen und das Schreiben von Notizen seien sein Beruf und sie würden jeden Tag fünf Stunden bzw. zwei Stunden in Anspruch nehmen. „Dann", sagte er, „sollte jeder Mann neben einem Beruf auch eine Abwechslung haben. Meine Naturgeschichte ist meine Ablenkung." Das dauerte zwei Stunden pro Tag mehr. Früher brachten ihm die Männer Vögel und Fische, aber auf einer langen Kreuzfahrt musste er sich mit Tausendfüßlern, Kakerlaken und solchem Kleinwild zufrieden geben. Er war der einzige Naturforscher, den ich je getroffen habe, der etwas über die Gewohnheiten der Stubenfliege und der Mücke wusste. Alle diese Leute können Ihnen sagen, ob es *Lepidoptera* oder *Steptopotera sind* ; Aber was das Erzählen betrifft, wie man sie loswerden kann oder wie sie einem entkommen, wenn man sie schlägt – warum wusste Linnaeus ebenso wenig darüber wie John Foy, der Idiot? Diese neun Stunden bildeten Nolans regelmäßige tägliche „Beschäftigung". Den Rest der Zeit redete oder ging er. Bis er sehr alt wurde, ging er viel in die Höhe. Er hielt seine Übungen stets aufrecht; und ich habe nie gehört, dass er krank war. Wenn irgendein anderer Mann krank war, war er der freundlichste Krankenpfleger der Welt; und er wusste, dass mehr als die Hälfte der Chirurgen dies tun. Wenn dann jemand krank war oder starb oder wenn der Kapitän es aus irgendeinem anderen

Anlass wünschte, war er immer bereit, Gebete zu lesen. Ich habe gesagt, dass er wunderbar gelesen hat.

Meine eigene Bekanntschaft mit Philip Nolan begann sechs oder acht Jahre nach dem Englischen Krieg, auf meiner ersten Reise, nachdem ich zum Midshipman ernannt worden war. Es war in den ersten Tagen nach unserem Sklavenhandelsvertrag, als das regierende Haus, das noch das Haus Virginia war, noch eine Art Sentimentalität hinsichtlich der Unterdrückung der Schrecken der Middle Passage hegte, und manchmal wurde etwas auf diese Weise getan . Aus diesem Grund waren wir im Südatlantik. Ich glaube, dass ich Nolan seit meinem Beitritt für eine Art Laiengeistlicher gehalten habe – einen Geistlichen mit einem blauen Kittel. Ich habe nie nach ihm gefragt. Alles auf dem Schiff kam mir fremd vor. Ich wusste, dass es grün ist, Fragen zu stellen, und ich glaube, ich dachte, es gäbe auf jedem Schiff einen „Plain-Button". Wir ließen ihn einmal in der Woche in unserer Kantine speisen, und es wurde darauf hingewiesen, dass an diesem Tag nichts über die Heimat gesagt werden durfte. Aber wenn sie uns gesagt hätten, wir sollten nichts über den Planeten Mars oder das Buch Deuteronomium sagen, hätte ich nicht nach dem Grund gefragt; Es gab sehr viele Dinge, die mir ebenso wenig Sinn zu machen schienen. Eines Tages verstand ich zum ersten Mal etwas über „den Mann ohne Land", als wir einen schmutzigen kleinen Schoner überholten, an dem sich Sklaven befanden. Ein Offizier wurde geschickt, um sich um sie zu kümmern, und nach ein paar Minuten schickte er sein Boot zurück mit der Bitte, dass ihm jemand geschickt werden könnte, der Portugiesisch sprechen konnte. Wir schauten alle über die Reling, als die Nachricht kam, und wir alle wünschten, wir könnten dolmetschen, als der Kapitän fragte, wer Portugiesisch spreche. Aber keiner der Beamten tat es; Und gerade als der Kapitän nach vorn schickte, um zu fragen, ob einer der Leute das könne, stieg Nolan aus und sagte, er würde gerne dolmetschen, wenn der Kapitän dies wünschte, da er die Sprache verstünde. Der Kapitän dankte ihm, rüstete mit ihm ein weiteres Boot aus, und in diesem Boot hatte ich Glück, mitzufahren.

Als wir dort ankamen, war es eine Szene, wie man sie selten sieht und nie sehen möchte. Unerklärliche Bösartigkeit, und inmitten der Bösartigkeit herrscht Chaos. Es gab nicht viele Neger; Aber um den Anwesenden klar zu machen, dass sie frei waren, ließ Vaughan ihnen die Handschellen und Fußfesseln abschlagen und legte sie der Einfachheit halber den Schurken der Schonerbesatzung an. Die Neger waren, die meisten von ihnen, aus dem Laderaum und schwärmten rund um das schmutzige Deck, wobei eine zentrale Menschenmenge Vaughan umgab und ihn in allen Dialekten und Patois eines Dialekts anredete, vom Zulu-Click bis zum Pariser von Beledeljereed . [Anmerkung 10]

Als wir an Deck kamen, blickte Vaughan von einem Schweinskopf herab, auf den er in seiner Verzweiflung geklettert war, und sagte:

„Um Gottes willen, gibt es irgendjemanden, der diesen Kerlen etwas klarmachen kann? Die Männer gaben ihnen Rum, und das beruhigte sie nicht. Ich habe diesen großen Kerl zweimal niedergeschlagen, und das beruhigte ihn nicht. Und dann redete ich mit Choctaw alle zusammen; und ich werde gehängt, wenn sie das genauso gut verstehen würden wie das Englische.

Nolan sagte, er könne Portugiesisch sprechen, und ein oder zwei gutaussehende Kroomen wurden herausgezerrt, die, wie bereits festgestellt worden war, für die Portugiesen an der Küste von Fernando Po gearbeitet hatten.

„Sag ihnen, dass sie frei sind“, sagte Vaughan; „Und sagen Sie ihnen, dass diese Schurken gehängt werden sollen, sobald wir genug Seile haben.“

Nolan „brachte das ins Spanische“ – das heißt, er erklärte es auf einem solchen Portugiesisch, das die Kroomen verstehen konnten, und diese wiederum den Negern, die sie verstehen konnten. Dann gab es so einen Freudenschrei, das Ballen der Fäuste, das Springen und Tanzen, das Küssen von Nolans Füßen und einen allgemeinen Ansturm auf den Hogshead als spontane Verehrung für Vaughan, als den *deus ex machina* des Anlasses.

„Sagen Sie ihnen “, sagte Vaughan hocherfreut, „dass ich sie alle nach Cape Palmas bringen werde.“

Das hat nicht so gut geantwortet. Cape Palmas war praktisch so weit von den Heimatorten der meisten von ihnen entfernt wie New Orleans oder Rio Janeiro; das heißt, sie wären dort für immer von ihrer Heimat getrennt. Und ihre Dolmetscher sagten, wie wir verstehen konnten, sofort: „ *Ah, non Palmas* “ und begannen, in höchst wortgewandter Sprache unzählige andere Hilfsmittel vorzuschlagen. Vaughan war von diesem Ergebnis seiner Großzügigkeit ziemlich enttäuscht und fragte Nolan eifrig, was sie gesagt hätten. Die Tropfen standen auf der weißen Stirn des armen Nolan, als er die Männer zum Schweigen brachte und sagte:

„Er sagt: ‚Nicht Palmas‘. Er sagt: „Bringt uns nach Hause, bringt uns in unser eigenes Land, bringt uns in unser eigenes Haus, bringt uns zu unseren eigenen Picknickplätzen und unseren eigenen Frauen.“ Er sagt, er hat einen alten Vater und eine alte Mutter, die sterben werden, wenn sie ihn nicht sehen. Und dieser sagt, er habe seine Leute alle krank zurückgelassen und sei zu Fernando gepaddelt, um den weißen Arzt anzuflehen, zu kommen und ihnen zu helfen, und dass diese Teufel Ich habe ihn in der Bucht gerade in Sichtweite seines Zuhauses erwischt und dass er seitdem nie wieder jemanden von zu Hause gesehen hat. Und dieser sagt“, würgte Nolan, „dass er seit

sechs Monaten kein Wort aus seinem Zuhause gehört hat, während er ...
wurde in einer höllischen Baracke eingesperrt.

Vaughan sagte immer, er sei selbst ergraut, während Nolan sich mit dieser
Interpretation abmühte: Ich, der nichts von der Leidenschaft verstand, die
damit verbunden war, sah, dass die Elemente in glühender Hitze schmolzen
und dass sich irgendwo etwas lohnen sollte. Sogar die Neger selbst hörten
auf zu heulen, als sie Nolans Qualen und Vaughans fast ebenso große
Mitleidsqualen sahen. So schnell er die Worte finden konnte, sagte er: –

„ Sag ihnen ja, ja, ja; sag ihnen, dass sie in die Berge des Mondes gehen sollen,
wenn sie wollen. Wenn ich mit dem Schoner durch die Große Weiße Wüste
segle, sollen sie nach Hause gehen!"

Und nach einiger Zeit sagte Nolan es. Und dann küssten sie ihn alle wieder
und wollten seine Nase mit ihrer reiben.

Aber er konnte es nicht lange ertragen; Und als er Vaughan dazu brachte, zu
sagen, dass er vielleicht zurückgehen würde , winkte er mich hinunter in unser
Boot. Als wir uns in der Heckdecke zurücklehnten und die Männer
nachgaben, sagte er zu mir: „Junger, lass dir das zeigen, was es heißt, ohne
Familie, ohne Zuhause und ohne Land zu sein. Und wenn du es jemals sein
solltest." Wenn Sie versucht sind, ein Wort zu sagen oder etwas zu tun, das
eine Barriere zwischen Ihnen und Ihrer Familie, Ihrem Zuhause und Ihrem
Land errichtet, beten Sie zu Gott in seiner Barmherzigkeit, dass er Sie sofort
nach Hause in seinen eigenen Himmel bringt. Bleiben Sie bei Ihrer Familie,
Junge, vergiss, dass du ein Selbst hast, während du alles für sie tust. Denk an
dein Zuhause, Junge, schreibe und sende und rede darüber. Lass es deinem
Gedanken immer näher kommen, je weiter du dich von ihm entfernen musst;
und eile dorthin zurück, wenn du frei bist, wie es dieser arme schwarze Sklave
jetzt tut. Und für dein Land, Junge", und die Worte rasselten in seiner Kehle,
„– und für diese Flagge", und er zeigte auf das Schiff, „Träume niemals einen
Traum, außer ihr zu dienen, wie sie es dir befiehlt, auch wenn der Dienst dich
durch tausend Höllen trägt. Ganz gleich, was dir widerfährt, ganz gleich, wer
dir schmeichelt oder wer dich beschimpft, sieh niemals auf eine andere
Flagge, lass niemals eine ... Nachtpass, aber Sie beten zu Gott, dass er diese
Flagge segnet. Denken Sie daran, Junge, dass hinter all diesen Männern, mit
denen Sie zu tun haben, hinter Offizieren, der Regierung und sogar den
Menschen, das Land selbst steht, Ihr Land, und dass Sie zu ihr gehören, wie
Sie zu Ihrer eigenen Mutter gehören. Steh ihr bei, Junge, wie du deiner Mutter
beistehen würdest, wenn diese Teufel dort heute ihre Gewalt ergriffen
hätten!"

Ich hatte Todesangst vor seiner ruhigen, harten Leidenschaft; aber ich habe
den Fehler gemacht, dass ich es tun würde, bei allem, was heilig ist, und dass
ich nie daran gedacht hätte, etwas anderes zu tun. Er schien mich kaum zu

hören; aber er sagte fast flüsternd: „O, wenn mir das jemand gesagt hätte, als ich in deinem Alter war!"

Ich glaube, es war dieses halbe Selbstvertrauen, das ich nie missbraucht habe, denn ich habe diese Geschichte bisher noch nie erzählt, das uns später zu guten Freunden gemacht hat. Er war sehr nett zu mir. Oft saß er nachts auf oder stand sogar auf, um mit mir über das Deck zu gehen, wenn ich Wache hatte. Er hat mir einen großen Teil meiner Mathematik erklärt, und ich verdanke ihm meine Vorliebe für Mathematik. Er lieh mir Bücher und half mir beim Lesen. Er hat nie wieder so direkt auf seine Geschichte angespielt; Aber von dem einen und anderen Offizier habe ich in dreißig Jahren gelernt, was ich erzähle. Als wir uns am Ende unserer Kreuzfahrt im Hafen von St. Thomas von ihm trennten, tat es mir mehr Leid , als ich sagen kann. Ich war sehr froh, ihn 1830 wiederzusehen; und später im Leben, als ich glaubte, in Washington Einfluss zu haben, setzte ich alles daran, ihn entlassen zu lassen. Aber es war, als würde man einen Geist aus dem Gefängnis holen. Sie taten so, als gäbe es keinen solchen Mann, und es gab auch nie einen solchen Mann. Das werden sie jetzt im Ministerium sagen! Vielleicht wissen sie es nicht. Es wird nicht das erste sein, von dem das Ministerium scheinbar nichts weiß!

Es gibt eine Geschichte, dass Nolan Burr einmal auf einem unserer Schiffe traf, als eine Gruppe Amerikaner im Mittelmeer an Bord kam. Aber das halte ich für eine Lüge; oder besser gesagt, es ist ein Mythos, *Ben Trovato* , der eine gewaltige Sprengung beinhaltet, mit der er Burr versenkte – und ihn fragt, wie es ihm gefiel, „ohne Land" zu sein. Aber aus Burrs Leben geht klar hervor, dass nichts dergleichen hätte passieren können; und ich erwähne dies nur als Beispiel für die Geschichten, die dort entstehen, wo es im Grunde auch nur das geringste Geheimnis gibt.

Philip Nolan, der arme Kerl, bereute seine Torheit und unterwarf sich dann wie ein Mann dem Schicksal, um das er gebeten hatte. Er hat die Aufgabe derjenigen, die ihn in der Hand hatten, nie absichtlich schwieriger oder heikler gemacht. Unfälle würden passieren; aber niemals aus seiner Schuld. Leutnant Truxton erzählte mir, dass es nach der Annexion von Texas eine sorgfältige Diskussion unter den Offizieren gegeben habe, ob sie sich Nolans schönen Kartensatz besorgen und Texas daraus herausschneiden sollten – aus der Weltkarte und der Karte von Mexiko . Die Vereinigten Staaten waren ausgeschnitten worden, als der Atlas für ihn gekauft wurde. Aber es wurde zu Recht beschlossen, dass dies praktisch bedeuten würde, ihm zu enthüllen, was passiert war, oder, wie Harry Cole sagte, ihn glauben zu lassen, dass Old Burr Erfolg gehabt hatte. Es war also nicht Nolans Verschulden, dass an meinem eigenen Tisch, als ich für kurze Zeit das Kommando über die George-Washington-Korvette auf der südamerikanischen Station innehatte, ein großer Patzer passierte. Wir lagen im La Plata, und einige der Offiziere, die an Land gewesen waren und gerade wieder zurückgekommen waren, unterhielten uns mit Berichten über ihre Missgeschicke beim Reiten der halbwilden Pferde von Buenos Ayres. Nolan saß am Tisch und war in einer ungewöhnlich fröhlichen und gesprächigen Stimmung. Eine Geschichte über einen Sturz erinnerte ihn an ein eigenes Abenteuer, als er mit seinem abenteuerlustigen Cousin in Texas wilde Pferde fing, zu einer Zeit, als er Mast war ein ziemlicher Junge. Er erzählte die Geschichte mit viel Elan – so sehr, dass die Stille, die oft auf eine gute Geschichte folgt, einen Moment lang über dem Tisch schwebte und von Nolan selbst gebrochen wurde. Denn er fragte völlig unbewusst. –

„Bitte, was ist aus Texas geworden? Nachdem die Mexikaner ihre Unabhängigkeit erlangt hatten, dachte ich, dass die Provinz Texas sehr schnell Fortschritte machen würde. Es ist wirklich eine der schönsten Regionen der Erde; es ist das Italien dieses Kontinents. Aber ich habe es getan Ich habe seit fast zwanzig Jahren kein Wort von Texas gesehen oder gehört.

Am Tisch saßen zwei texanische Offiziere. Der Grund, warum er noch nie von Texas gehört hatte, war, dass Texas und seine Angelegenheiten schmerzlich aus seinen Zeitungen gestrichen worden waren, seit Austin seine Siedlungen begonnen hatte; So dass, während er von Honduras und Tamaulipas und bis vor Kurzem von Kalifornien las, diese jungfräuliche Provinz, in der sein Bruder so weit gereist war und, wie ich glaube, gestorben war, für ihn aufgehört hatte, etwas zu sein. Waters und Williams, die beiden Männer aus Texas, sahen sich grimmig an und versuchten, nicht zu lachen. Edward Morris wurde durch das dritte Glied in der Kette des Kronleuchters des Kapitäns auf sich aufmerksam gemacht. Watrous bekam einen Nieskrampf. Nolan selbst sah, dass es etwas zu bezahlen gab, er wusste nicht, was. Und ich als Leiter des Festes musste sagen:

„Texas ist nicht mehr auf der Karte, Mr. Nolan. Haben Sie Captain Backs seltsamen Bericht über Sir Thomas Roes Begrüßung gesehen?"

Nach dieser Kreuzfahrt habe ich Nolan nie wieder gesehen. Ich schrieb ihm mindestens zweimal im Jahr, denn auf dieser Reise wurden wir sogar vertraulich vertraut; aber er hat mir nie geschrieben. Die anderen Männer erzählen mir, dass er in diesen fünfzehn Jahren sehr schnell gealtert ist, was er tatsächlich könnte, aber dass er immer noch derselbe sanfte, klaglose, schweigsame Leidende war, der er jemals war, und so gut er konnte seine selbst auferlegte Strafe ertrug . – vielleicht eher weniger gesellig gegenüber neuen Männern, die er nicht kannte, aber offenbar mehr denn je darauf bedacht, den Jungen zu dienen, sich mit ihnen anzufreunden und sie zu unterrichten, von denen einige ihn regelrecht zu verehren schienen. Und jetzt scheint es, als wäre der liebe alte Kerl tot. Er hat endlich ein Zuhause und ein Land gefunden.

Seitdem ich dies schreibe und darüber nachdenke, ob ich es drucken würde oder nicht , habe ich von Danforth, der mit an Bord ist, eine Warnung an die jungen Nolaner , Vallandighams und Tatnalls von heute erhalten, was es heißt, ein Land wegzuwerfen die „Levante", ein Brief, der über Nolans letzte Stunden berichtet. Es beseitigt alle meine Zweifel daran, diese Geschichte zu erzählen. Der Leser wird Danforths Brief oder den Anfang davon verstehen, wenn er sich daran erinnert, dass sich nach zehn Jahren Nolans Exil jeder , der ihn anführte, in einer sehr heiklen Lage befand. Die Regierung hatte es versäumt, die ihn betreffende Anordnung von 1807 zu erneuern. Was sollte ein Mann tun? Sollte er ihn gehen lassen? Was wäre dann, wenn er vom Ministerium wegen Verstoßes gegen die Verordnung von 1807 zur Rechenschaft gezogen würde? Sollte er ihn behalten? Was wäre dann, wenn Nolan eines Tages freigelassen würde und eine Klage wegen falscher Inhaftierung oder Entführung gegen jeden Mann einreichen würde, der ihn an der Spitze hatte? Ich habe Southard dazu gedrängt und darauf gedrängt, und ich habe Grund zu der Annahme, dass andere Beamte das Gleiche getan haben. Aber der Minister sagte immer, wie so oft in Washington, dass es keine besonderen Befehle zu erteilen gäbe und dass wir nach unserem eigenen Urteil handeln müssten. Das bedeutet: „Wenn Sie Erfolg haben, werden Sie erhalten; wenn Sie scheitern, werden Sie desavouiert." Nun, wie Danforth sagt, ist das alles jetzt vorbei, obwohl ich es nicht weiß, aber ich setze mich aufgrund der Beweise für die Enthüllung, die ich mache, einer strafrechtlichen Verfolgung aus.

Hier ist der Brief:—

„LIEBER FRED: – Ich versuche, Mut und Leben zu finden, um Ihnen zu sagen, dass mit dem lieben alten Nolan alles vorbei ist. Ich war auf dieser Reise mehr als je zuvor bei ihm und kann jetzt völlig verstehen, wie Sie vorgehen pflegte von dem lieben alten Kerl zu sprechen. Ich konnte sehen, dass er nicht stark war, aber ich hatte keine Ahnung, dass das Ende so nahe war. Der Arzt hat ihn sehr aufmerksam beobachtet, und gestern Morgen kam er zu mir und sagte mir, dass Nolan es sei Es ging ihm nicht so gut, und er hatte seine Kabine nicht verlassen – etwas, woran ich mich noch nie zuvor erinnern konnte. Er hatte den Arzt kommen lassen, um ihn zu sehen , während er dort lag – als der Arzt zum ersten Mal in der Kabine gewesen war – und er sagte, er würde mich gerne sehen. Oh, mein Gott! Erinnerst du dich an die Geheimnisse, die wir Jungen in den alten „Intrepid"-Tagen über sein Zimmer erfanden? Nun, ich ging hinein, und da waren natürlich die Armen Der Kerl lag in seiner Koje und lächelte freundlich, als er mir die Hand reichte, sah aber sehr gebrechlich aus. Ich konnte einen Blick in die Runde nicht verkneifen, der mir zeigte, was für einen kleinen Schrein er aus der Kiste gemacht hatte, in der er lag. Das Sternenbanner waren über und um ein Bild von Washington herum aufgereiht, und er hatte einen majestätischen Adler gemalt, aus dessen Schnabel Blitze strahlten und dessen Fuß gerade den ganzen Globus umfasste, den seine Flügel überschatteten . Der liebe alte Junge sah meinen Blick und sagte mit einem traurigen Lächeln: „Siehst du, ich habe ein Land!" Und dann zeigte er auf das Fußende seines Bettes, wo ich noch nie zuvor eine große Karte der Vereinigten Staaten gesehen hatte, wie er sie aus dem Gedächtnis gezeichnet hatte und die er dort liegend betrachten konnte. Urige, seltsame alte Namen standen darauf in großen Buchstaben: „Indiana Territory", „Mississippi Territory" und „Louisiana Territory", wie unsere Väter vermutlich so etwas gelernt haben: Aber der alte Kerl hatte auch in Texas gepatcht; er hatte seine westliche Grenze bis zum Pazifik ausgedehnt, aber an diesem Ufer hatte er nichts definiert.

„O Kapitän', sagte er, ,ich weiß, dass ich sterbe. Ich kann nicht nach Hause kommen. Sicher werden Sie mir jetzt etwas sagen ? Nicht auf diesem Schiff, das es in Amerika nicht gibt – Gott segne sie! –, einen treueren Mann als mich. Es kann keinen Mann geben, der die alte Flagge so liebt wie ich oder für sie betet wie ich oder auf sie hofft es, wie ich es tue. Es sind jetzt vierunddreißig Sterne darin, Danforth. Ich danke Gott dafür, obwohl ich nicht weiß, wie sie heißen. Es wurde nie einer weggenommen: Ich danke Gott dafür. Ich weiß es „Dass es nie einen erfolgreichen Burr gegeben hat, oh Danforth, Danforth", seufzte er, „wie einem elenden Nachttraum die Vorstellung eines Jungen von persönlichem Ruhm oder von eigener Souveränität gleicht, wenn man nach so einem Leben darauf zurückblickt

Aber erzähl mir, erzähl mir etwas, erzähl mir alles, Danforth, bevor ich sterbe!'

„Ingham, ich schwöre dir, dass ich mich wie ein Monster gefühlt habe, weil ich ihm vorher nicht alles erzählt hatte. Gefahr oder nicht, Zartheit hin oder her, wer war ich, dass ich die ganze Zeit über diesen Schatz als Tyrannen hätte agieren sollen." , heiliger alter Mann, der vor Jahren in seinem ganzen Leben als Mann den Wahnsinn des Verrats eines Jungen gesühnt hatte? „Mr. Nolan", sagte ich, „ich werde Ihnen alles erzählen, worüber Sie fragen. Nur, wo soll ich anfangen? '

„Oh, das gesegnete Lächeln, das sich über sein weißes Gesicht schlich! Und er drückte meine Hand und sagte: ,Gott segne dich!' ,Sag mir ihre Namen', sagte er und zeigte auf die Sterne auf der Flagge. ,Das letzte Ich.' Ich weiß, dass Ohio ist. Mein Vater lebte in Kentucky. Aber ich habe Michigan und Indiana und Mississippi erraten – dort ist Fort Adams –, da sind zwanzig. Aber wo sind deine anderen vierzehn? Du hast keines der alten zerschnitten , Ich hoffe?'

„Nun, das war kein schlechter Text, und ich nannte ihm die Namen so gut ich konnte, und er befahl mir, seine wunderschöne Karte herauszunehmen und sie so gut wie möglich mit meinem Bleistift einzuzeichnen. Er war außer sich vor Freude über Texas, erzählte mir, wie sein Cousin dort starb; er hatte ein goldenes Kreuz in der Nähe der Stelle markiert, an der er sein Grab vermutete; und er hatte auf Texas geraten. Dann war er entzückt, als er Kalifornien und Oregon sah; – das, sagte er, er hatte es zum Teil vermutet, weil es ihm nie gestattet worden war, an diesem Ufer zu landen, obwohl dort so viele Schiffe lagen. „Und die Männer", sagte er lachend, „haben außer Pelzen noch viel mehr erwirtschaftet." Dann ging er zurück – Himmel, wie weit! – um nach dem Chesapeake zu fragen und was Barron angetan wurde, weil er es dem Leoparden überlassen hatte, [Anmerkung 11] und ob Burr es jemals noch einmal versucht hatte, – und er biss die Zähne zusammen mit dem einzigen Leidenschaft zeigte er. Aber in einem Moment war das vorbei und er sagte: „Gott vergib mir, denn ich bin sicher, ich vergebe ihm." Dann erkundigte er sich nach dem alten Krieg, erzählte mir die wahre Geschichte seines Waffendienstes an dem Tag, als wir die Java einnahmen, und fragte nach dem lieben alten David Porter, wie er ihn nannte. Dann ließ er sich ruhiger und sehr glücklich nieder. mich in einer Stunde die Geschichte von fünfzig Jahren erzählen zu hören.

„Wie ich wünschte, es wäre jemand gewesen, der etwas wusste! Aber ich tat, so gut ich konnte. Ich erzählte ihm vom englischen Krieg. Ich erzählte ihm von Fulton und den Anfängen der Dampfschifffahrt. Ich erzählte ihm vom alten Scott und Jackson; erzählte Er war alles, was mir über den Mississippi, New Orleans, Texas und sein eigenes altes Kentucky einfiel. Und glauben

Sie, er fragte, wer das Kommando über die „Legion des Westens" habe? Ich erzählte ihm, dass es sich um einen sehr tapferen Offizier namens Grant handelte und dass er nach unseren letzten Nachrichten dabei war, sein Hauptquartier in Vicksburg einzurichten. Dann fragte ich: „Wo war Vicksburg?" Ich habe das auf der Karte ausgerechnet; es lag etwa hundert Meilen, mehr oder weniger, über seinem alten Fort Adams; und ich dachte, Fort Adams müsse jetzt eine Ruine sein. „Es muss auf der Plantage des alten Vick in Walnut Hills sein." sagte er: „Nun, das ist eine Veränderung!"

„Ich sage Ihnen, Ingham, es war schwierig, die Geschichte eines halben Jahrhunderts in diesem Gespräch mit einem kranken Mann zusammenzufassen. Und ich weiß jetzt nicht, was ich ihm erzählt habe – von der Auswanderung und den Mitteln dazu ... von Dampfschiffen und Eisenbahnen und Telegraphen – von Erfindungen und Büchern und Literatur – von den Colleges und West Point und der Marineschule – aber mit den seltsamsten Unterbrechungen, die Sie je gehört haben. Sie sehen, es war Robinson Crusoe Ich stelle alle angesammelten Fragen von sechsundfünfzig Jahren!

„Ich erinnere mich, dass er plötzlich fragte, wer jetzt Präsident sei; und als ich es ihm erzählte, fragte er, ob Old Abe der Sohn von General Benjamin Lincoln sei. Er sagte, er habe den alten General Lincoln getroffen, als er selbst noch ein ziemlicher Junge war Irgendein indischer Vertrag. Ich sagte nein, der alte Abe sei ein Kentuckianer wie er, aber ich konnte ihm nicht sagen, aus welcher Familie er stammte; er hatte sich von den Rängen aufgearbeitet. „Gut für ihn!" rief Nolan. „Darüber bin ich froh. Während ich grübelte und mich wunderte, dachte ich, unsere Gefahr bestehe darin, die regelmäßige Nachfolge in den ersten Familien aufrechtzuerhalten." Dann begann ich über meinen Besuch in Washington zu sprechen. Ich erzählte ihm von einem Treffen mit dem Kongressabgeordneten Harding aus Oregon; ich erzählte ihm vom Smithsonian und der Exploring Expedition; ich erzählte ihm vom Kapitol und den Statuen für den Giebel und Crawfords Freiheit , und Greenoughs Washington: Ingham, ich habe ihm alles erzählt, was mir einfiel, um die Größe seines Landes und seinen Wohlstand zu zeigen; aber ich konnte mich nicht zusammenreißen, um ihm ein Wort über diese höllische Rebellion zu sagen!

„Und er trank es aus und genoss es, wie ich es Ihnen nicht sagen kann. Er wurde immer stiller, aber ich hätte nie gedacht, dass er müde oder ohnmächtig war. Ich gab ihm ein Glas Wasser, aber er befeuchtete nur seine Lippen und erzählte es mir." nicht wegzugehen. Dann bat er mich, das presbyterianische „Buch des öffentlichen Gebets" mitzubringen, das dort lag, und sagte lächelnd, dass es an der richtigen Stelle aufgeschlagen werden würde – und so geschah es. Da war sein doppeltes Rot Merken Sie sich die Seite, und ich kniete nieder und las, und er wiederholte mit mir: „Für uns und unser Land, o gnädiger Gott, danken wir diesen, dass Du uns trotz unserer vielfältigen Übertretungen Deiner heiligen Gesetze weiterhin die Treue hältst." „Wunderbare Güte" – und so bis zum Ende dieser Danksagung. Dann wandte er sich dem Ende desselben Buches zu und ich las die Worte, die mir vertrauter waren: „Von ganzem Herzen bitten wir Dich mit Deiner Gunst, Deinen Diener anzuschauen und zu segnen." „Danforth", sagte er, „ich habe diese Gebete Nacht und Morgen wiederholt, jetzt sind es fünfundfünfzig Jahre." Und dann sagte er, er würde schlafen gehen. Er beugte mich über sich und küsste mich; und er sagte: „Schauen Sie in meiner Bibel nach, Kapitän, wenn ich weg bin." Und ich ging weg.

„Aber ich hatte nicht gedacht, dass es das Ende wäre: Ich dachte, er wäre müde und würde schlafen. Ich wusste, dass er glücklich war und ich wollte, dass er allein war."

„Aber nach einer Stunde, als der Arzt sanft hineinging, stellte er fest, dass Nolan sein Leben mit einem Lächeln ausgeatmet hatte. Er hatte etwas dicht an seine Lippen gedrückt. Es war das Abzeichen seines Vaters vom Orden der Cincinnati."

„Wir haben in seiner Bibel nachgeschaut, und da war ein Zettel an der Stelle, wo er den Text markiert hatte.—

„'Sie wünschen sich ein Land, sogar ein himmlisches; darum schämt sich Gott nicht, ihr Gott genannt zu werden; denn er hat für sie eine Stadt vorbereitet.'

„Auf diesem Zettel hatte er geschrieben:

„'Begrabt mich im Meer; es war mein Zuhause, und ich liebe es. Aber wird nicht jemand in Fort Adams oder in Orleans einen Stein zu meinem Andenken aufstellen [Anmerkung 12], damit meine Schande nicht größer wird als Ich sollte es ertragen? Sagen Sie darauf:

„' *In Erinnerung an*

„PHILIP NOLAN,

„‚Er liebte sein Land wie kein anderer Mann es geliebt hat; aber kein Mann hatte weniger von ihren Händen verdient.'"

Anmerkungen

[Anmerkung 1:] – Frederic Ingham, das „Ich" der Erzählung, soll ein pensionierter Offizier der United States Navy sein.

[Anmerkung 2:] - „ *Wenige Leser ... haben es beobachtet* ." In Wahrheit hat es niemand bemerkt, weil es dort keine solche Ankündigung gab. Der Autor hat jedoch mehr als eine Person getroffen, die ihm versicherte, dass sie diesen Hinweis gesehen hatte. So fehlbar ist das menschliche Gedächtnis!

[Anmerkung 3:] – *Die „Levante "*. Die „Levant" war eine Korvette der amerikanischen Marine, die 1860 vom Hafen von Honolulu aus zu ihrer letzten Reise mit Depeschen für einen amerikanischen Offizier in Mittelamerika segelte. Seitdem hat man nie wieder etwas von ihr gehört, außer einer ihrer Spieren trieb auf einer der Hawaii-Inseln an Land . Ich habe ihren Namen absichtlich angenommen, da ich wusste, dass sie verloren war. Als diese Geschichte veröffentlicht wurde, erinnerten sich tatsächlich nur zwei amerikanische Redakteure daran, dass die „Levante" nicht mehr existierte. Aus der letzten Depesche von Kapitän Hunt erfahren wir, dass er beabsichtigte, einen nördlichen Kurs einzuschlagen, der nach Osten in Richtung der Küste Kaliforniens und nicht nach Süden in Richtung Äquator führte. Auf Veranlassung von Herrn James D. Hague, der an Bord der „Levant" war, um Kapitän Hunt am Tag ihrer Abreise von Hilo zu verabschieden, wurde im Sommer 1904 nach Riffen oder Inseln in der Gegend gesucht die unentdeckte Region, in der sie möglicherweise gescheitert ist. Es wurden jedoch keine zufriedenstellenden Ergebnisse erzielt.

[Anmerkung 4:] - *Madison* . James Madison war vom 4. März 1809 bis zum 4. März 1817 Präsident. Persönlich wollte er keinen Krieg mit England führen, aber die Führer der jüngeren Männer der Demokratischen Partei – Mr. Clay, Herr Calhoun und andere drängten ihn 1812 gegen seinen Willen, den Krieg zu erklären. Der Krieg wurde durch den Friedensvertrag von Gent im Jahr 1814 beendet. Er wird allgemein als „Der Kurze Krieg" bezeichnet. Es gab viele Gründe für den Krieg. Am ärgerlichsten war der Eindruck amerikanischer Seeleute, in der englischen Marine zu dienen. Im amerikanischen Außenministerium gab es Aufzeichnungen über 6.257 solcher Männer, deren Freunde bei der amerikanischen Regierung protestiert hatten. Es wird angenommen, dass mehr als zwanzigtausend Amerikaner zu der einen oder anderen Zeit in diesem Dienst festgehalten wurden. Für diejenigen, die sich mit diesem Thema befassen müssen, empfehle ich Spears' „History of our Navy" in vier Bänden. Es ist „denjenigen gewidmet, die Frieden suchen und danach streben".

[Anmerkung 5:] – Aaron Burr war ein Offizier in der Amerikanischen Revolution. In der ersten Amtszeit von Jefferson war er von 1801 bis 1805 Vizepräsident. Im Juli 1804 tötete Burr in einem Duell Alexander Hamilton, einen gefeierten Führer der Bundespartei. Aus diesem Duell lässt sich die Empörung ableiten, die ihn in den nächsten Jahren seines Lebens begleitete. Im Jahr 1805, nach seiner Vizepräsidentschaft, unternahm er eine Reise entlang der Flüsse Ohio und Mississippi, um die Neuerwerbung von Louisiana zu studieren. Dieser Name wurde dann dem gesamten Land westlich des Mississippi bis zu den Rocky Mountains gegeben. Im nächsten Jahr organisierte er eine Militärexpedition, wahrscheinlich mit dem vagen Plan, Texas von Spanien einzunehmen. Er wurde jedoch von General Wilkinson, dem damaligen Kommandeur der US-Armee, zu dem Burr enge Beziehungen hatte, verraten und verhaftet. Er wurde in Richmond wegen Hochverrats angeklagt, aber freigesprochen.

[Anmerkung 6:] – Colonel Morgan ist eine fiktive Figur, wie alle anderen in diesem Buch, außer Aaron Burr.

[Anmerkung 7:] – Das „Lay of the Last Minstrel" ist eines der besten Gedichte   von
Walter Scott. Es wurde erstmals 1805 veröffentlicht.

Die gesamte Passage, auf die sich der Text bezieht, lautet wie folgt:

Da atmet der Mann mit so toter Seele,
der nie zu sich selbst gesagt hat: Das ist mein eigenes, mein Heimatland!
Wessen Herz hat noch nie in ihm gebrannt ,
als er seine Fußstapfen von der Wanderung auf einem fremden Strand abwandte ?
Wenn einer dort atmet, geh und markiere ihn gut! Für ihn schwellen keine
Minnesänger-Verzückungen an; So hoch seine Titel sind, stolz sein Name,
so grenzenlos sein Reichtum, wie ihn nur ein Wunsch beanspruchen kann.
Trotz dieser Titel, dieser Macht und seines Reichtums wird der
Unglückliche, der ganz auf sich selbst
konzentriert ist , am Lebenden seinen gerechten Ruf einbüßen und, doppelt
sterbend, untergehen der abscheuliche Staub, aus dem er entsprang,
ungeweint, ungeehrt und unbesungen.

O Kaledonien! streng und wild,
treffen Sie die Krankenschwester für ein poetisches Kind! Land mit brauner
Heide und struppigem Wald; Land der Berge und der Flut.

[Anmerkung 8:] - „ *Fregattenduelle mit den Engländern, in denen die Marine wirklich getauft wurde* .“ Mehrere große Seeschlachten in diesem kurzen Krieg verschafften der Marine der Vereinigten Staaten ihren Ruf. Tatsächlich griffen sie die Flotten der ganzen Welt an. Die erste dieser großen Schlachten ist der Kampf zwischen „Constitution“ und „ Guerrière “ am 19. August 1812.

[Anmerkung 9:] - Die Fregatte „Essex“ unter Porter eroberte 1813 die Marquesas-Inseln im Pazifik. Kapitän Porter war Vater des berühmteren Admiral Porter, der die Seestreitkräfte der Vereinigten Staaten im Golf von Mexiko befehligte im Jahr 1863, als diese Geschichte geschrieben wurde.

[Anmerkung 10:] - *Beledeljereed* . Ein arabischer Name. Geführt werden el jerid bedeutet „Das Land der Datteln“. Als Name ist er aus den Geographiebüchern verschwunden. Aber vor hundert Jahren wurde es dem südlichen Teil des heutigen Algerien und etwas vage auch anderen Teilen des antiken Numidien zugeschrieben. Man findet es in der Schreibweise Biledelgerid . Dieses Wort jetzt zu verwenden ist ungefähr so, als würde man vom Liliput von Gulliver sprechen.

[Anmerkung 11:] Seite 40.-Die englischen Kreuzer an der amerikanischen Küste beanspruchten im großen Krieg zwischen England und Napoleon das Recht, amerikanische Handelsschiffe und Kriegsschiffe zu durchsuchen, um, wenn sie könnten, Deserteure der englischen Marine zu finden . Dies war ihre Art, ihre Verachtung gegenüber den Vereinigten Staaten zum Ausdruck zu bringen. Im Jahr 1807 traf die „Chesapeake“, eine Fregatte der Vereinigten Staaten, auf die „Leopard“, eine englische Fregatte. Sie war nicht auf den Kampf vorbereitet und Barron, ihr Kommandant, schlug seine Flagge. Dies ist das unglückliche Schiff, das sich am 3. Juni 1813 der „Shannon“ ergab.

[Anmerkung 12:] - Niemand hat dieses Denkmal errichtet. Sein richtiger Platz wäre auf den Ruinen von Fort Adams. Diese Festung wurde durch den Mississippi stark zerstört.